Käthe Recheis

Die schönsten FABELN

Bilder von Monika Laimgruber

G&G

MIX
Papier | Fördert gute Waldnutzung
FSC® C014138

ISBN 978-3-7074-2326-6
4. Auflage 2026

Text: Käthe Recheis
Illustration: Monika Laimgruber
Druck und Bindung: Finidr, s.r.o.

produktsicherheit@ggverlag.at

www.ggverlag.at

Inhalt

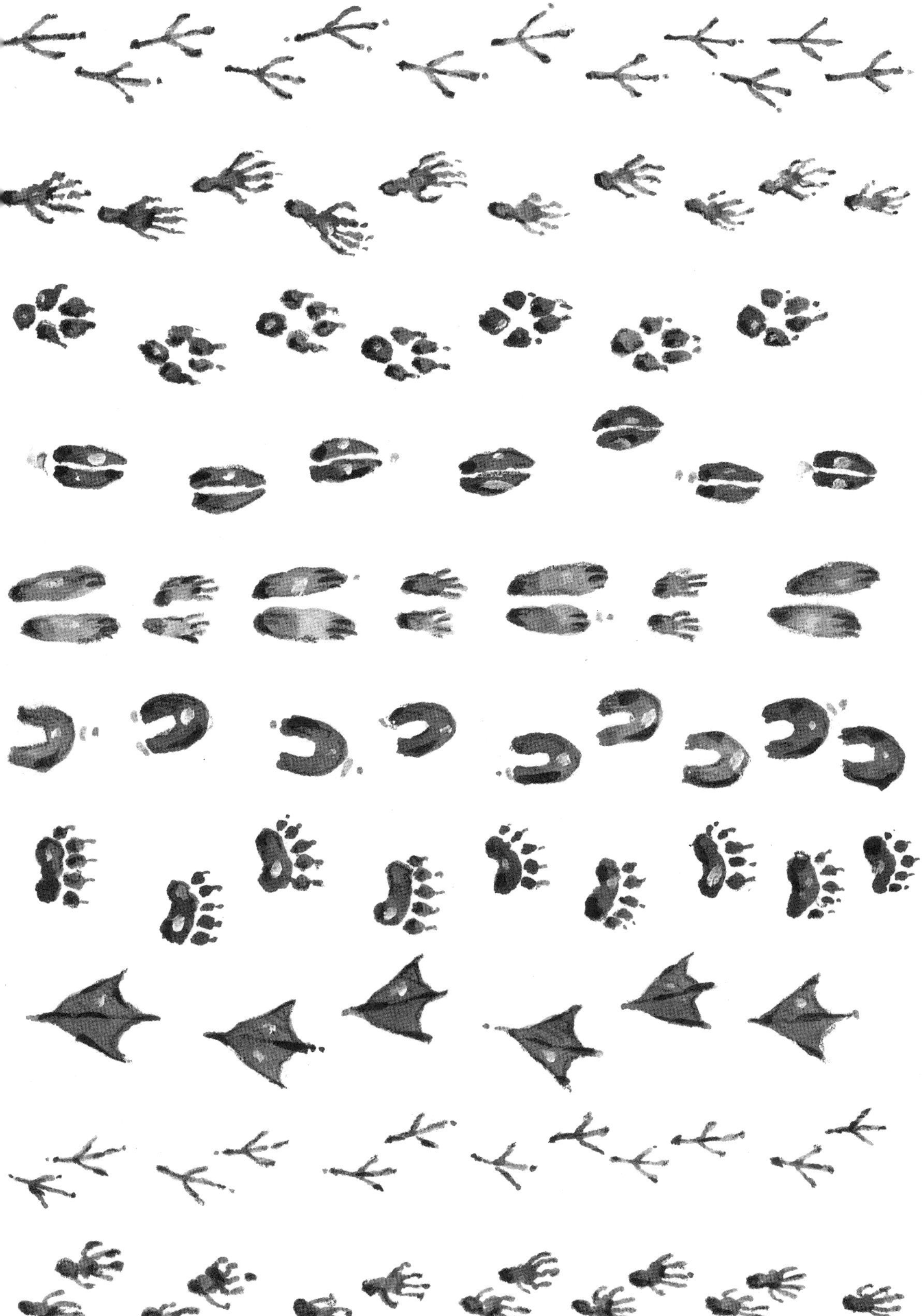

Wer leuchtet am hellsten

Einmal zankten sich die Sterne eine ganze Nacht lang, weil jeder – auch der kleinste – meinte, er sei es, der am hellsten leuchte.

Der Morgen dämmerte, die Sonne erhob sich strahlend am Himmel.

Da verblassten die Sterne und aller Streit hatte ein Ende.

Gottlieb Konrad Pfeffel

Der Fuchs und die sauren Trauben

Ein hungriger Fuchs streunte eine Straße entlang und kam zu einer Gartenmauer, an der sich ein Weinstock voll süßer goldener Trauben emporrankte. Das Wasser lief ihm im Maul zusammen, aber wie sollte er die verlockende Beute erreichen? Die Trauben hingen allzu hoch oben, so weit hinauf konnte er nicht springen.

Eine Weile trieb der Fuchs sich an der Mauer herum, überlegte und überlegte und suchte nach einer Lösung. Weil ihm aber nichts einfiel und in den Bäumen ringsum Scharen von Vögeln saßen, vor denen er sich nicht lächerlich machen wollte, gab er es auf und rief: „Warum soll ich mich plagen? Die sind noch viel zu grün. So saure Trauben mag ich nicht!“

Jean de La Fontaine

Der junge Wolf, der fliegen wollte

Einmal saß ein junger, noch unerfahrener Wolf im Gras und schaute zu, wie die Vögel umherflatterten oder sich hoch in die Luft erhoben und schwerelos dahinflogen.

„Warum können wir Wölfe nicht fliegen?", dachte er. „Schnell laufen können wir, das stimmt. Aber was ist das schon? Flügel müsste man haben!"

Ein Federchen schwebte herab, das ein Vogel im Flug verloren hatte. „Ich weiß, was ich tun muss", sagte der junge Wolf zu sich. Er wanderte umher, dahin und dorthin, und sammelte alle Federn ein, die Vögeln ausgefallen waren, kleine Federn, große Federn – Federn in allen Farben.

Als er genug gesammelt hatte, stieg er auf eine Felsklippe. Oben angekommen steckte er sich die Federn ins Fell, bis er einem Vogel glich, einem sehr bunten noch dazu.

„Jetzt kann ich fliegen wie ihr“, rief er den Vögeln zu, sprang von der Klippe und segelte durch die Luft. So viel er aber auch mit den Beinen strampelte, es nützte nichts. Er verlor eine Feder nach der anderen, fiel wie ein Stein hinab und landete unsanft auf dem Erdboden.

Es dauerte eine ganze Weile, bis der junge Wolf sich aufrappelte und feststellte, dass er noch heil und ganz war.

„Fliegt nur herum!“, rief er den Vögeln zu, die ihn auslachten. „Flügel zu haben – was ist das schon! So schnell laufen wie wir Wölfe könnt ihr nicht!“

Indianer, Nordamerika

Die Hasen und die Frösche

Hasen haben viele Feinde, die vierbeinigen Jäger, die auf leisen Pfoten daherschleichen, und die geflügelten, die aus der Luft nach Beute spähen. Immer müssen die Hasen auf der Hut sein, nie können sie in Ruhe fressen. Wenn es im Gras raschelt, wenn der Wind im Laub flüstert, laufen sie davon und fliehen.

Einst, vor langer Zeit, kränkten sich die Hasen so sehr darüber, dass sie alle Freude am Leben verloren.

„Warum sind wir nur so schwach?“, sagten sie zueinander. „Keiner hat Angst vor uns, aber wir haben Angst vor jedem.“ Und sie beschlossen, sich gemeinsam in einen großen See zu stürzen, damit aller Jammer ein Ende hatte.

Die Hasen rannten zum See, ihre Läufe trommelten auf den Boden. Darüber erschraken die Frösche, die sich am Ufer sonnten oder im Ried umherplanschten. Ein Frosch nach dem anderen sprang ins Wasser und tauchte unter.

Die Hasen blieben stehen und sahen einander verdutzt an.

„Das kann nicht wahr sein!“, sagte einer der Hasen. „Die Frösche fliehen vor uns!“

„Wer hätte gedacht“, sagte ein Zweiter, „dass es Geschöpfe gibt, die noch furchtsamer sind als wir?“

„Warum sollen wir uns dann in den See stürzen?“, sagten die Hasen zueinander.

Sie kehrten auf ihre Wiesen zurück und freuten sich wieder ihres Lebens, auch wenn jeder Wind-hauch sie erschreckte und sie immerzu auf der Hut sein mussten.

Oft wird man im Unglück getröstet, wenn es anderen noch schlechter ergeht als einem selbst.

Aesop

Der Wettlauf

Eine alte Schildkröte lebte zufrieden an einem kleinen See. Sie wanderte gemächlich dahin, suchte nach Futter, schwamm im Wasser umher oder döste im Sonnenschein.

Eines Tages kam ein Hase dahergehoppelt und fing zu spotten an. „Wie langsam du bist!“, rief er. „Kommst ja kaum vom Fleck! Möchtest du nicht so schnell laufen können wie ich?“

„Nein“, sagte die Schildkröte. „Wozu?“

„Wozu?“, fragte der Hase. „Weil jemand, der so langsam ist, nie ans Ziel kommt.“

„Ich komme an mein Ziel“, sagte die Schildkröte. „Auf meine Weise.“

„Aber nicht so schnell wie ich! Wenn überhaupt!“, sagte der Hase. „Ich werde es dir beweisen. Laufen wir um die Wette zum nächsten See.“

„Einverstanden“, sagte die Schildkröte.

Der Hase flitzte los, er rannte, dass die Ohren im Wind wehten. Er rannte und rannte, bis er ganz außer Atem war. Auf einer blühenden Wiese hielt er an. „Eine kurze Rast wird mir gut tun", dachte er. „Warum soll ich mich anstrengen? Nie im Leben holt die Schildkröte mich ein."

Er fraß Gräser und Kräuter, legte sich unter einen Busch, streckte alle vier Pfoten von sich – und schlief ein.

Die Schildkröte wanderte langsam dahin, wie es ihre Art war. Sie kam zur blühenden Wiese und sah den schlafenden Hasen. Einen so weiten Weg hatte die Schildkröte noch nie zurückgelegt. Auch sie war müde, gönnte sich aber keine Rast.

Endlich machte der Hase unter dem Busch die Augen auf. „Nein, so was!", dachte er. „Bin ich doch tatsächlich eingeschlafen. Jetzt nichts wie hin zum See! Ich komme immer noch als Erster an." Am See aber erwartete ihn die Schildkröte. „Wer war schneller?", fragte sie. „Du auf deine Weise oder ich auf meine Weise?"

Ausdauer und Beharrlichkeit führen zum Ziel.

Aesop

Maus oder Vogel?

Eine Fledermaus hatte das Unglück, in die Fänge eines Wiesels zu geraten. Bevor das Wiesel zubiss, zischte es: „Eine Maus! Du kommst mir gerade recht. Nichts finde ich widerlicher als Mäuse. Meine Aufgabe ist es, die Welt von diesem Gelichter zu befreien."

„Hochverehrtes Wiesel", rief die Fledermaus und breitete die Flügel weit aus. „Ich soll eine Maus sein? Habt Ihr je eine Maus mit Flügeln gesehen? Ein Vogel bin ich, dass Ihr es nur wisst!"

Das Wiesel blickte verdutzt drein und ließ von der Fledermaus ab. „Entschuldige", sagte es, „bist du wirklich ein Vogel?"

„Und ob! Ich zeig es Euch!"

Die Fledermaus flatterte auf und flog davon. „Noch einmal davongekommen", sagte sie – und sah sich unvermutet einem anderen Wiesel gegenüber.

„Ein Vogel!", zischte dieses Wiesel. „Jetzt ist es aus mit dir! Vögel kann ich nun einmal nicht leiden. Dieses geschwätzige Federvolk ist nicht zum Aushalten, zirpt und trillert den ganzen Tag und beleidigt meine Ohren."

„Hochverehrtes Wiesel", rief die Fledermaus, „habt Ihr Federvolk gesagt? Was für ein passender Name!

Das Gefieder ist es, woran man einen Vogel erkennt." Die Fledermaus faltete die Flügel zusammen und machte sich so klein wie möglich. „Schaut mich an! Ist da nur ein einziges Federchen? Ich bin kein Vogel, bin nur eine arme, kleine Maus."

„Wie man sich täuschen kann!", sagte das Wiesel. „Ich hätte schwören können, dass du ein Vogel bist. Entschuldige! Gegen Mäuse habe ich nichts."

Mit Witz und Klugheit rettete die Fledermaus ihr Leben.

Jean de La Fontaine

Jeder auf seine Art

Eine junge Schwalbe, die erst vor kurzem aus dem Nest geflogen war, sah im Wiesengrund eine Schar Ameisen geschäftig umhereilen.

„Was tut ihr da?“, fragte sie. „Warum eilt ihr immer hin und her?“

„Wir sammeln Vorräte“, antworteten die Ameisen.

„Vorräte? Wozu?“, wollte die junge Schwalbe wissen.

„Für den bitterkalten Winter!“, sagten die Ameisen. „Damit wir, wenn Schnee auf den Wiesen liegt, genug Nahrung haben.“

„Die sind klug!", dachte die junge Schwalbe. Und sie fing an, tote Spinnen, Fliegen und Mücken ins Nest zu tragen.

„Was machst du da?", fragte die Schwalbenmutter.

„Ich sammle Vorräte", antwortete die junge Schwalbe. „Du solltest es auch tun, liebe Mutter. Nimm dir wie ich ein Beispiel an den Ameisen. Dann brauchen wir im bitterkalten Winter nicht Hunger zu leiden."

„Ach, du meine Güte!", rief die Schwalbenmutter. „Lass die Ameisen ihre Vorräte sammeln! Für sie ist es das Rechte, sie bleiben hier, wenn der Winter kommt. Wir aber fliegen fort nach dem warmen Süden, wo immer die Sonne scheint und Mücken das ganze Jahr in der Luft tanzen. Jedes Geschöpf lebt nach seiner Art, mein liebes Kind. Was für den einen taugt, muss nicht für den anderen taugen. Was für den einen klug sein mag, ist für den anderen töricht."

Gotthold Ephraim Lessing

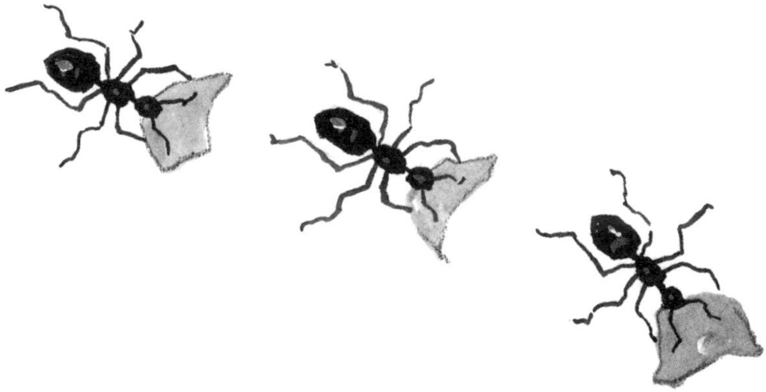

Mutter Krabbe und ihre Tochter

Mutter Krabbe sah zu, wie ihre Tochter auf dem Grund eines klaren Wassers bedächtig hin und her wanderte, einmal rückwärts, einmal seitwärts, nach Art der Krabben immer auf gewundenen Wegen.

„Du lieber Himmel“, sagte Mutter Krabbe, „wie läufst du da herum, einmal quer und einmal krumm! Kannst du nicht geradeaus gehen? Komm, ich zeig es dir!“

Mutter Krabbe lief über den Bachgrund, einmal rückwärts, einmal seitwärts, nach Art der Krabben immer auf gewundenen Wegen.

„Aber Mutter!“, rief die Tochter, „Habe ich es nicht gemacht wie du? Wie soll ich geradeaus gehen, wenn keiner in meiner Familie es tut?“

Tochter Krabbe hatte recht. Das Vorbild bewirkt mehr als gut gemeinte Worte.

Aesop

Der Hund und sein Spiegelbild

Ein Hund, der ein fettes Stück Fleisch im Maul trug, wollte einen Fluss überqueren. Als er hineinwatete, erblickte er auf dem ruhig dahinfließenden Wasser sein eigenes Spiegelbild.

„Da ist einer, der hat einen noch größeren Brocken als ich“, dachte der Hund. „So was lass ich mir nicht entgehen!“

Er riss das Maul auf und schnappte nach dem Spiegelbild. Aber da war nichts, wonach er hätte schnappen können. Und sein eigenes Stück Fleisch? Das hatte die Strömung längst fortgetragen.

Wer allzu gierig ist, geht leer aus.

Aesop

Der Löwe und die Maus

Einmal lag ein Löwe im Schatten eines Baumes und schlief. Ein paar Mäuse erblickten das mächtige Tier und weil es so still dalag, huschten sie näher heran.

„Der rührt und regt sich nicht", dachte eine der Mäuse und sprang – neugierig wie sie war – zwischen die gewaltigen Pranken. Der Löwe schlief friedlich weiter, nicht einmal seine Schnurrhaare zuckten.

„Seht nur, wie mutig ich bin!", rief die Maus, stellte sich auf die Hinterpfoten und schwenkte die Vorderpfoten.

Da konnten auch die anderen Mäuse nicht widerstehen, sie kletterten auf den Löwen, trippelten auf seinem Körper herum und fingen zu tanzen an.

Der Löwe erwachte, schüttelte die tanzenden Mäuse wie lästige Insekten ab, hob die Pranke und schlug zu. Die Mäuse ergriffen die Flucht, nur eine konnte sich nicht retten. Es war jene, die sich als Erste zu dem Löwen hingewagt hatte.

Sie duckte sich zitternd unter der Pranke. „Lass mich leben!", rief sie. „Ein kleiner Bissen, wie ich es bin, macht dich nicht satt. Und wer weiß, vielleicht brauchst du einmal meine Hilfe."

Der Löwe hob verdutzt die Pranke. „Du Winzling willst mir helfen“, wollte er fragen, aber die Maus war schon davongerannt.

Nicht lange danach geriet der Löwe in eine Falle. Je mehr er um sich schlug, desto mehr verstrickte er sich im Netz der Jäger.

Ganz in der Nähe hatte die Maus ihr Erdloch. Als sie den Löwen im Netz gefangen sah, lief sie hin und nagte mit ihren spitzen Zähnen eine Schlinge durch, nur eine, aber alle Knoten lösten sich. Der Löwe zerriss das Netz und war wieder frei.

„Du bist zwar groß und stark“, sagte die Maus, „was hättest du aber ohne mich getan?“

Die Maus lief vergnügt davon und der Löwe ging nachdenklich seines Weges.

Keiner ist so stark, um nicht einmal die Hilfe des Schwachen zu brauchen.

Aesop

Der Esel im Löwenfell

Einmal fand ein Esel am Wegrand ein Löwenfell, das von Motten angefressen war, aber noch stattlich genug aussah.

Der Esel blieb stehen und hängte sich das Fell um.

„Passt gut zu mir!“, sagte er zu sich selber.

Da er Hunger hatte, lief er zum nächsten Dorf, wo auf den Feldern der Mais schon hoch stand und saftiger Klee und andere Futterpflanzen wuchsen. Der Esel ließ es sich schmecken, eine so köstliche Mahlzeit hatte er noch nie gehabt.

Es dauerte nicht lange und die Dorfbewohner entdeckten den Dieb auf ihren Feldern. Sie fingen ein großes Geschrei an, wagten sich aber nicht näher, weil sie glaubten, dass es ein Löwe sei.

„Haben die Angst vor mir!“, dachte der Esel. „Ich will sie noch mehr erschrecken.“

Er machte das Maul auf und trompetete sein I-ah, I-ah.

„Ein Esel!“, riefen die Dorfbewohner. „Es ist nur ein Esel!“ Sie rannten aufs Feld, rissen dem Esel die Löwenhaut herunter und schlugen mit Stöcken auf ihn ein.

Als sie endlich von ihm abließen, hinkte der Esel zerschlagen und trübselig davon.

„Ich armer Tropf!“, sagte er zu sich selber. „Hätte ich doch bloß mein Maul gehalten!“

Aesop

Der Frosch, der groß wie ein Ochse sein wollte

Einmal hockte ein dicker Frosch satt und zufrieden inmitten einer Schar kleiner Frösche im moorigen Sumpfwasser. Die kleinen Frösche hüpften und planschten oder schnappten nach Fliegen und anderem Getier. Wie der Frosch so dasaß und ihnen zuschaute, entdeckte er einen Ochsen, der im Riedgras weidete. Der Ochse war groß und fett und stark.

„Warum bin ich nicht so groß wie er?“, sagte der Frosch zu sich und mit seiner Zufriedenheit war es vorbei. Er konnte den Blick nicht von dem Ochsen abwenden und kränkte sich mehr und mehr, weil er selber kleiner war.

„Das ist nicht gerecht“, sagte er und beschloss, sich aufzublasen, bis er ebenso groß war.

Er pumpte sich voll mit Luft. „Bin ich nun groß wie der Ochse?“, rief er den anderen Fröschen zu.

„Nein“, quakten die kleinen Frösche.

Der Frosch blähte sich mit aller Kraft auf und meinte, sein Ziel schon erreicht zu haben. Wieder fragte er: „Bin ich jetzt so groß wie er?“

„Aber nein! Das bist du noch immer nicht“, quakten die kleinen Frösche.

„Gleich habe ich es geschafft!“, dachte der Frosch. Er holte tief Atem und blähte sich auf – noch mehr – und noch mehr – und zerplatzte!

Jean de La Fontaine

Einerlei und Vielfalt

Auf einem Ackerrain wuchsen neben den Ähren leuchtend roter Mohn, blaue Kornblumen und anderes Unkraut.

„Dieses Gelichter untersteht sich, auf demselben Boden zu wachsen wie unsereins", sagten die Ähren zueinander. „So was Nutzloses gehört verboten. Nicht einmal essen kann man sie."

„Zum Essen taugen wir freilich nicht", antworteten die Ackerblumen. „Nutzlos sind wir deswegen nicht. Jede von euch gleicht der anderen. Was wäre euer Einerlei ohne die bunte Vielfalt unserer Blüten."

Abraham Emanuel Fröhlich

Der Fuchs und die kleine Eidechse

Einmal kletterte eine kleine Eidechse an einer Sonnenblume hinauf. Als sie fast oben war, erblickte sie ganz in der Nähe einen herumstreunenden Fuchs.

„Was tue ich jetzt nur?", dachte die kleine Eidechse. „Der nächste Unterschlupf ist viel zu weit weg. Bevor ich dort bin, hat mich der Fuchs erwischt. Ich werde mich tot stellen. Vielleicht übersieht er mich dann."

Die kleine Eidechse erstarrte und stellte sich tot. Aber das half nichts. Der Fuchs hatte sie schon entdeckt.

„Höher hinauf laufen nützt auch nichts", dachte die Eidechse. „Füchse können hoch springen. Ich muss mir was einfallen lassen, sonst ist es aus mit mir."

Der Fuchs war bei der Sonnenblume stehen geblieben. „Mmm", sagte er, „Eidechsen sind zwar nur kleine Happen, aber schmecken gut." Und er setzte zum Sprung an.

„Lass das!", rief die Eidechse. „Spring ja nicht nach mir! Willst du, dass der Himmel auf die Erde he-runter-fällt?"

Der Fuchs hielt verblüfft inne. „Was hast du gesagt?", fragte er.

„Siehst du nicht, was ich tue?", rief die Eidechse.

„Ich halte den Himmel fest. Oh, was für eine schwere Aufgabe ist das! Ich bin schon ganz erschöpft. Schau hinauf, ich bitte dich, und sag mir, ob der Himmel noch dort ist, wo er sein soll."

Es war um die Mittagszeit. Die Sonne schien. Ein leichter Wind wehte. Weiße Sommerwolken segelten über den Himmel.

Der Fuchs blickte hoch und schaute und schaute. Das Sonnenlicht blendete ihn.

„Ich kann nicht mehr", jammerte die Eidechse. „Aber ich darf nicht aufgeben. Ich muss durchhalten. Senkt der Himmel sich schon herab?"

Der Himmel schien auf einmal viel niedriger zu sein. Dem Fuchs war, als senkten die Wolken sich tiefer. „Am besten ist es, wenn ich die Eidechse in Ruhe lasse“, dachte er. „Womöglich fällt sonst der Himmel wirklich herunter auf die Erde.“

Der Fuchs trottete weiter. Von Zeit zu Zeit warf er ängstliche Blicke zum Himmel hinauf. Nichts geschah! Die Sonne schien. Ein leichter Wind wehte. Und wie zuvor segelten weiße Sommerwolken hoch über der Erde dahin.

„Kann das sein?“, fragte sich der Fuchs. „Eine kleine Eidechse hält den Himmel fest? Das gibt es doch nicht.“

Der Fuchs kehrte um und lief zur Sonnenblume zurück. Die kleine Eidechse war nicht mehr oben am Stängel. Sie war längst geflohen und hatte sich ein sicheres Versteck gesucht.

„Die hat mich hereingelegt!“, sagte der Fuchs. „Recht geschieht mir! Ich hätte doch gleich merken müssen, dass es ein Schwindel ist. Das wird mir eine Lehre sein: Glaub nicht alles, was dir einer erzählt. Denk zuerst darüber nach, ob es auch wahr sein kann.“

Indianer, Nordamerika

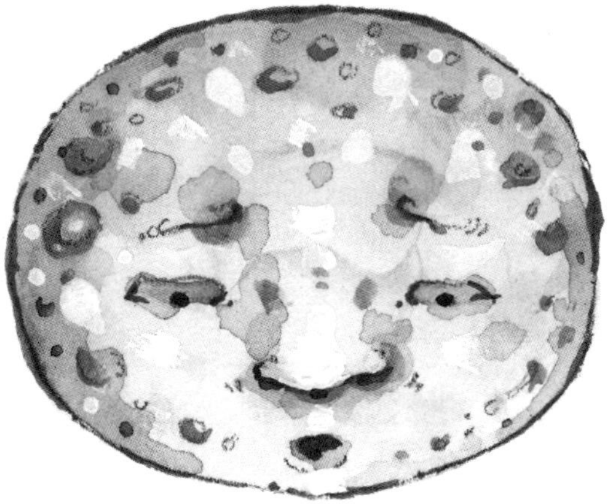

Die Ente, die den Mond fangen wollte

Eines Abends suchte eine Schar Enten in einem See nach Fischen und anderem Wassergetier. Wie sie umherschwammen und einmal dort tauchten und einmal da,

erblickte eine der Enten weiter draußen auf dem See das Spiegelbild des Mondes, der eben aufgegangen war.

„Seht doch, seht!“, rief sie ihrer Schar zu. „Was für ein großer Fisch dort schwimmt!“

Die anderen Enten ließen sich bei ihrer Futtersuche nicht stören. „Hier gibt es genug zu fressen“, schnatterten sie.

„Aber nur Kleinzeug!“, schnatterte die Ente. „Warum soll ich mich plagen, wenn ein einziger Bissen mich satt macht.“

Sie schwamm hinaus auf den See und tauchte nach dem vermeintlichen Fisch. Das Spiegelbild zerbrach und da war nichts, wonach sie hätte schnappen können.

Die anderen Enten, die alles mitangesehen hatten, fingen zu lachen an. „Hast du den Mond fangen wollen?“, riefen sie. „Ist dieser Bissen nicht zu groß für dich?“

Die Ente schämte sich so sehr, dass sie nicht zu ihrer Schar zurückschwamm. Noch einmal zu tauchen wagte sie nicht, aus Angst, wieder ausgelacht zu werden.

So blieb sie hungrig, mitten auf einem See voller Fische.

Leo Tolstoj

Der Wolf und der Storch

Ein Wolf hatte seine Beute so gierig verschlungen, dass ihm ein Knochenstück im Hals stecken blieb. Er mochte noch so würgen, es half nichts. Schon konnte er kaum noch atmen, schon glaubte er, elend zu Grunde gehen zu müssen, als er einen Storch erblickte, der durch das hohe Gras stelzte.

„Storch, mein Freund“, winselte der Wolf mit letzter Kraft, „mir steckt ein Knochen im Hals. Wenn du mich davon befreist, will ich dich reich belohnen.“

Der Storch kam vertrauensvoll näher und guckte in den aufgerissenen Rachen des Wolfes. „Rette mich!“, gurgelte der Wolf.

„Nichts leichter als das“, sagte der Storch. „Halte still und gleich ist alles wieder in Ordnung.“ Der Storch schob den langen Schnabel in den Wolfsrachen, packte das Knochenstück und zog es behutsam heraus. Dann erinnerte er den Wolf an die versprochene Belohnung.

„Nichts da!“, grollte der Wolf. „Ist es nicht Lohn genug, dass dein Schnabel im Rachen eines Wolfes war und du noch am Leben bist? Verschwinde und komm mir ja nie unter die Pfoten, sonst geht es dir schlecht.“

Wer Übeltätern seine Hilfe anbietet, erhält keinen Dank und muss froh sein, ohne Schaden davonzukommen.

Jean de La Fontaine

Die Krähe und der Wasserkrug

Einmal im Sommer – die Sonne brannte heiß vom Himmel – flog eine durstige Krähe auf der Suche nach Wasser über das Land. Die Quellen waren versiegt, jeder Bach war ausgetrocknet. Endlich, als die Krähe schon fast verdurstet war, sah sie einen Wasserkrug, der auf einer Türschwelle stand.

Sie flatterte hin, steckte den Kopf in den Krug und wollte trinken. Der Krug war aber nur halb voll und die Krähe mochte ihren Hals noch so lang recken, es nützte nichts. Ihr Schnabel war zu kurz.

„Ich muss ihn umwerfen“, dachte sie, hüpfte flügelschlagend um den Krug und versuchte ihn zu kippen. Es gelang ihr nicht. Der Krug war zu schwer.

Die Krähe hockte niedergeschlagen auf der Türschwelle, schaute um sich und dachte nach. „Ich weiß, was ich tun muss“, sagte sie zu sich und pickte Kieselsteine auf, die vor dem Haus lagen. Einen Kiesel nach dem anderen warf sie in den Krug, bis das Wasser so hoch gestiegen war, dass es den Rand erreichte.

Jetzt konnte die Krähe trinken und ihren Durst stillen.

Wer sich nicht entmutigen lässt und den Verstand gebraucht, erreicht sein Ziel.

Aesop

Die zwei Frösche

Einmal, in der Sommerhitze, trocknete ein Tümpel aus, in dem zwei Frösche lebten. Als alles Wasser verdunstet war, verließen sie den Tümpel und wanderten fort. So weit sie auch gingen, sie fanden keinen Bach, keinen Teich. Schon halb verdurstet kamen sie zu einem Bauernhof und entdeckten in der Speisekammer eine große Schüssel, voll mit süßer, fetter Milch.

Die Frösche konnten ihr Glück kaum fassen, sie hüpften in die Schüssel, tranken und ließen es sich schmecken. Als ihr Durst gestillt war und sie herausspringen wollten, fanden sie keinen Halt an der glatten Schüsselwand und rutschten immer wieder in die Milch zurück.

Viele Stunden mühten sie sich vergeblich ab. Schließlich waren sie so erschöpft, dass sie ihre Beine kaum noch bewegen konnten.

„Was hilft es, wenn wir uns plagen", sagte der eine Frosch. „Ich geb's auf!" Er ließ sich zu Boden sinken und ertrank.

Der zweite Frosch wollte nicht aufgeben und kämpfte weiter. Es wurde dunkel, die Nacht kam. Noch immer strampelte der Frosch in der Milchschüssel. Als er schon meinte sterben zu müssen, spürte er unter seinen Beinen etwas Festes. Aus dem Rahm waren dicke Butterbrocken geworden. Der Frosch stieß sich mit letzter Kraft ab, schnellte hoch, sprang aus der Schüssel und war gerettet.

Wer nicht aufgibt, auch wenn alles hoffnungslos zu sein scheint, der wird dafür belohnt.

Aesop

Die Gans, die ein Schwan sein wollte

Auf einem klaren, stillen See hatte sich eine Schar Gänse niedergelassen. Alle waren braun oder grau gefiedert, bis auf eine, deren Federkleid so weiß leuchtete wie frisch gefallener Schnee.

Weiter draußen auf dem See zog ein Schwan einsam und majestätisch dahin. Als die weiße Gans ihn erblickte, sagte sie zu sich: „Wie ähnlich wir sind, mein Gefieder gleicht seinem. Ich bin wohl nur durch Zufall in eine Gänseschar geraten. Was habe ich mit diesem gewöhnlichen, unscheinbaren Volk zu tun?“

Die Gans verließ die anderen Gänse, schwamm einsam – und wie sie glaubte – majestätisch auf dem See herum. Einmal hob sie den Kopf, wollte den Hals strecken und dehnen, dann wieder versuchte sie ihn anmutig zu biegen. Freilich immer vergeblich, ihr Hals war zu kurz und zu steif. So sehr sie sich mühte, so sehr sie sich plagte, sie wurde kein Schwan, sie blieb eine Gans und noch dazu eine, die sich lächerlich machte.

Gotthold Ephraim Lessing

Der Vogel Strauß

Die pfeilschnelle Gazelle erblickte den Vogel Strauß und sagte zu sich: „Laufen kann er nicht besonders gut, aber ohne Zweifel fliegt er umso besser."

Ein andermal sah der Adler von hoch oben in der Luft den Strauß und sagte zu sich: „Fliegen kann er nicht, aber ich glaube, er muss gut laufen können."

Gotthold Ephraim Lessing

Der Reiher und die Fische

An einem schönen Sommertag stakste ein Reiher durchs Schilf.

Nicht weit von ihm entfernt trieben sich Karpfen umher. Ein Stoß mit dem langen Schnabel hätte genügt, einen von ihnen zu fangen.

„Karpfen!“, sagte der Reiher zu sich. „Aber leider nicht fett genug. Sehr hungrig bin ich auch nicht. Ein wenig warten wird mir nicht schaden. Gewiss gibt es hier im Teich fettere Karpfen.“

Ein Hecht schwamm vorbei.

„Der wär nicht übel!“, meinte der Reiher. „Nur etwas größer sollte er sein.“

Der Reiher zog ein Bein ein, blieb am Teichrand stehen und träumte von Riesenkarpfen und riesengroßen Hechten.

Wie er so vor sich hinträumend dastand, bekam er plötzlich Lust auf eine Mahlzeit. Die Karpfen waren jedoch längst fortgeschwommen. Kein Hecht ließ sich erblicken. Nur eine Schleie lag träge unten am Teichgrund.

„Dieser Schlammbuddler ist nichts für mich“, sagte der Reiher, stakste weiter und scheuchte einen Schwarm

Gründlinge auf. Sie flitzten und flirrten um seine Beine, waren kaum fingerlang und dünn wie Schilfhalme.

„Wegen so was sperrt unsereins den Schnabel nicht auf“, sagte der Reiher.

Sonnenfunken tanzten auf dem Wasser, aber nirgendwo blitzte eine Schuppe silbrig auf. Kein Fisch zeigte sich mehr. Der Reiher wurde immer hungriger. Jetzt wäre ihm der kleinste Karpfen, der kleinste Hecht recht gewesen. Auch eine Schleie hätte er nicht verschmäht und jeder Gründling hätte ihm geschmeckt.

Schließlich, nach langer Suche, entdeckte der Reiher im Ufergras eine Schnecke – und mit diesem winzigen Bissen musste er sich zufrieden geben.

So mancher träumt vom großen Glück und merkt zu spät, wie viel Gutes ihm entgeht.

Jean de La Fontaine

Der Bach und die Wiese

Ein Bach floss durch eine Wiese, die mit Blumen reich geschmückt war.

„Wohin so schnell?“, fragte die Wiese den Bach. „Willst du nicht ein wenig bei mir verweilen? Schau doch, wie schön meine Blumen sind!“

„Keine Zeit, keine Zeit“, antwortete der Bach. „Ich muss mich beeilen, ich muss mein Ziel erreichen.“

Er floss weiter und weiter und als er sein Ziel erreichte – war es ein Sumpf. Er versickerte in der moorigen Erde und hatte auf dem Weg dorthin keine einzige Blume an seinem Ufer wahrgenommen.

Ist nicht der Mensch der Bach? Und die Wiese – ist sie nicht unsere schöne Welt?

Daniel Wilhelm Triller

Nach besten Kräften

Ein Käferchen hatte nach vielen gescheiterten Versuchen endlich mit großer Mühe und großer Ausdauer die Spitze eines Grashalms erklommen. Nun sonnte es sich auf seiner Höhe, spreizte die Flügel und war vergnügt bis in den letzten Winkel seiner Käferseele.

Da kam ein Esel des Wegs, blieb vor ihm stehen und lachte es aus: „Du meinst wohl Gletscherluft zu atmen auf deiner Grashalmzinne?“

Ein alter Löwe kam ebenfalls vorbei, blieb ebenfalls stehen und betrachtete das kleine Insekt mit Wohlgefallen.

„Freu dich nur, Käferchen“, sprach er, „du hast das Ziel deines Strebens erreicht; das gelingt nicht einmal jedem Löwen.“

Marie von Ebner-Eschenbach

Der Fuchs und der Bock im Brunnen

Ein Fuchs war in einen tiefen Brunnen gefallen und mochte noch so hoch springen und sich noch so sehr abmühen, er konnte nicht wieder heraus.

Nach einiger Zeit kam ein durstiger Ziegenbock zum Brunnen, sah den Fuchs und fragte: „Ist das Wasser gut?“

Der Fuchs spitzte die Ohren und ließ sich seine Notlage nicht anmerken. „Ziegenbock, mein Freund“, rief er, „das Wasser ist frisch und kalt. Komm herunter zu mir und lass es dir schmecken.“

Der Ziegenbock überlegte nicht lange und sprang in den Brunnen hinab. Das Wasser war, wie der Fuchs gesagt hatte, frisch und kalt, aber als der Bock seinen Durst gestillt hatte, merkte er, dass er unten im Brunnen gefangen war.

„Was tun wir jetzt?“, jammerte er.

„Mach dir keine Sorgen“, antwortete der Fuchs, „das schaffen wir schon. Stell dich auf die Hinterbeine, stemm die Vorderbeine an die Brunnenwand und reck den Hals hoch. Ich klettere an dir hinauf und sobald ich oben bin, helfe ich dir.“

„Ja, so wird’s gehen“, sagte der Bock. Er stellte sich auf die Hinterbeine, stemmte die Vorderbeine gegen die

Wand und reckte den Hals in die Höhe. Der Fuchs sprang ihm auf den Rücken, kletterte auf die Hörner und war mit einem Satz oben auf dem Brunnenrand. Statt sein Wort zu halten, tanzte er herum und machte sich über den Ziegenbock lustig.

„Wie kannst du nur lachen?“, rief der Bock. „Du siehst doch, dass ich nicht herauskann. Ich habe dir geholfen, warum hilfst du mir nicht?“

„Ziegenbock, alter Ziegenbock“, spottete der Fuchs, „wenn du so viel Verstand im Kopf hättest wie Haare im Bart, wärst du nicht in den Brunnen gesprungen, ohne vorher zu überlegen, wie du wieder herauskommst.“

Aesop

Der Löwe in der Höhle

Ein Löwe war alt und müde geworden. „Für die Jagd tauge ich nicht mehr“, sagte er zu sich, „ich muss eine List zu Hilfe nehmen, sonst verhungere ich.“

Er verkroch sich in seiner Höhle und stellte sich sterbenskrank. Tiere, die vorüberkamen, hörten ihn jammern und stöhnen. Zeitlebens hatten sie ihn gefürchtet, jetzt wagten sie sich immer näher und näher an ihn heran. Manche rührte die Schwäche des einst so starken Löwen, sie gingen in die Höhle um ihn zu trösten. Andere taten es aus Neugier, wieder andere aus Schadenfreude, weil er schwach und kraftlos geworden war. Keines der vielen Tiere verließ lebend die Höhle. Selbst in seinen besten Jahren hatte der Löwe nie so reichlich zu fressen gehabt wie jetzt, da er alt und müde war.

Eines Tages kam ein Fuchs vorbei und blieb vor dem Eingang der Höhle stehen. „Wie geht es dir?“, fragte er den Löwen.

„Schlecht“, ächzte der Löwe. „Ich bin todkrank und werde bald sterben. Komm herein zu mir und erzähl mir eine deiner Geschichten. Das wird mir gut tun.“

„Ich wünsche dir ein langes Leben“, sagte der Fuchs, „freilich nicht auf meine Kosten. Hier draußen gefällt es mir besser als drinnen in deiner Höhle, denn ich sehe viele Spuren, die hineinführen, aber nicht eine, die wieder herauskommt."

Aesop

Der Tiger im Käfig

Ein Tiger war in eine Käfigfalle geraten und so sehr er auch darin tobte und mit den Pranken gegen die Bambusstäbe schlug, es gelang ihm nicht, sich zu befreien.

Zufällig kam ein Brahmane, ein weiser Mann, vorbei, er hörte das Grollen und Fauchen und blieb vor der Falle stehen.

„Ich bitte dich, öffne die Tür und lass mich frei“, jammerte der Tiger.

„Das kann ich nicht tun, mein Freund“, antwortete der Brahmane sanftmütig. „Wenn ich dich freilasse, wirst du mich töten.“

„O nein! Nein!“, winselte der Tiger. „Im Gegenteil! Ich werde dir Zeit meines Lebens dankbar sein.“ Und er weinte dicke Tigertränen.

Der Brahmane bekam Mitleid und öffnete die Käfigtür. Kaum hatte er es getan, fiel der Tiger über ihn her und packte ihn.

„Tiger“, rief der Brahmane, „hältst du so dein Versprechen?“

„Du törichter Mensch!“, grollte der Tiger. „Du hast doch gewusst, dass ich vor Hunger halb verrückt bin! Wie kann ich da mein Versprechen halten?“

Wieder wollte es der Zufall, dass eben in diesem Augenblick ein Schakal vorbeikam. „Tiger“, flehte der Brahmane, „erlaube mir, dem Schakal alles zu erzählen. Er soll entscheiden, wer von uns beiden im Recht ist.“

Der Tiger, der sich seiner Mahlzeit sicher war, willigte ein und der Brahmane erzählte, was geschehen war.

„Das ist sehr verwirrend“, sagte der Schakal. „Fang bitte wieder von vorne an. Vielleicht verstehe ich es dann besser.“

Also fing der Brahmane von vorne an.

„Beeilt euch“, knurrte der Tiger. „Ich will endlich zu meiner Mahlzeit kommen.“

„Hab ein wenig Geduld“, bat der Brahmane. „Ich erkläre es dem Schakal noch einmal. Er scheint etwas beschränkt zu sein.“

Und der Brahmane erzählte, warum der Tiger ihn angefallen hatte.

„Oh, mein armer Kopf!“, rief der Schakal und trat von einer Pfote auf die andere. „Wie war das nur? Wie fing es an? Du warst in der Käfigfalle und der Tiger kam daherspaziert ...“

„Was für ein Narr du bist!“, fauchte der Tiger. „ICH war in der Falle.“

„Oja, jetzt verstehe ich!“, rief der Schakal. „ICH war

im Käfig – nein, ich war es nicht, du liebe Zeit, ich bin schon ganz durcheinander. Also! Der Tiger war in dem Brahmanen drinnen und die Käfigfalle spazierte vorbei – nein! Stimmt nicht! Ich werde es nie verstehen."

„Doch, das wirst du!", brüllte der Tiger. „Ich erkläre es dir. Schau her! Ich bin der Tiger."

„Ja, großmächtiger Herr!"

„Und das da ist der Brahmane!"

„Ja, mein Herr!"

„Und das ist die Käfigfalle."

„Ja, Herr."

„Und ich war im Käfig! Verstehst du es jetzt?"

„Ja – nein – das heißt ..."

„Was?", brüllte der Tiger. „Begreifst du es noch immer nicht?"

„Entschuldige, großer Herr! Ich wollte nur fragen, wie du hineingekommen bist?“

„Wie ich hineingekommen bin? Nun, wie man in eine Falle gerät.“

„Wie man in eine Falle gerät?“, sagte der Schakal und schüttelte den Kopf. „Seid nicht ungehalten, mein Herr. Wie gerät man hinein?“

Der Tiger war am Ende seiner Geduld, er sprang in die Falle und fauchte: „Verstehst du es jetzt, du Dummkopf?“

„Jetzt verstehe ich es“, sagte der Schakal und schloss die Käfigtür, „du bist im Käfig drin und der Brahmane und ich sind draußen. So war es und so soll es bleiben.“

Indien

Der Löwe und der wilde Eber

Die Sonne brannte vom wolkenlosen Himmel herab auf die Steppe. Seit Wochen hatte es nicht geregnet, das Gras war verdorrt, nur noch vergilbte Halme raschelten in der heißen Luft. Jeder Fluss war zu einem Rinnsal geworden, das im Sand versickerte.

Bei einem Wasserloch, das noch nicht ganz ausgetrocknet war, kamen ein Löwe und ein wilder Eber zur gleichen Zeit an. Sie blieben stehen und nahmen Kampfstellung ein. Der Löwe peitschte den staubigen Erdboden mit dem Schwanz, der Eber fletschte die mächtigen Hauer.

„Ich, der Löwe“, brüllte der Löwe, „bin der Stärkste unter allen Geschöpfen. Mir ziemt es, als Erster zu trinken. Geh zur Seite, Eber, und mach mir Platz.“

„Geh du zur Seite“, grollte der Eber. „Wir werden gleich sehen, wer stärker ist, ich oder du.“

Sie fielen übereinander her, aber so hitzig sie auch kämpften, keiner wich zurück, keiner überließ dem anderen den Vorrang. Als sie am Ende ihrer Kräfte waren und anhielten, um Atem zu schöpfen, erblickten sie eine Schar Geier, die sich nahe am Wasserloch niedergelassen hatten und erwartungsvoll dasaßen.

Und mehr und mehr Geier flogen aus dem Himmelsblau herab, angelockt von der Aussicht auf eine reichliche Mahlzeit.

„Einer von uns wird diesen Kampf nicht überleben“, dachten da der Löwe und der Ebcr.

„Vielleicht werden wir beide sterben. Wozu sollen wir uns streiten, nur damit wir zum Fraß der Geier werden?“

„Trink du zuerst, Löwe“, sagte der Eber. „Ich warte, bis du deinen Durst gelöscht hast.“

„Lass uns gemeinsam trinken“, sagte der Löwe, „das Wasserloch ist groß genug für uns beide.“

So tranken sie, löschten ihren Durst und gingen dann friedlich ihres Weges.

Die Geier aber hatten umsonst gewartet und flogen enttäuscht fort.

Zwietracht und Feindschaft bringen nur sinnloses Leid, miteinander in Frieden zu leben, ist besser.

Aesop

Die zwei Verbündeten

Der Hirsch begegnete im Wald dem Fuchs und fing sofort zu klagen an. „Wir armen, schwachen Geschöpfe“, rief er, „was sollen wir jetzt tun? Hast du es nicht auch gehört? Der Löwe hat sich mit dem Wolf verbündet!“

„Mit dem Wolf?“, fragte der Fuchs. „Das ist nicht so schlimm. Der Löwe brüllt und der Wolf heult, da könnt ihr allemal rechtzeitig die Flucht ergreifen. Freilich, sollte es dem großmächtigen Löwen einfallen, sich mit dem heimlich schleichenden Luchs zu verbünden, dann erginge es uns allen schlecht.“

Gotthold Ephraim Lessing

Der Löwe und der Hase

Ein Löwe hatte sich mit einem Hasen angefreundet, die beiden trafen sich gelegentlich und redeten über dies und über das.

„Ist es wahr", fragte einmal der Hase, „dass ein harmloser Hahn mit seinem Krähen euch Löwen erschrecken kann?"

„Ja, allerdings!", antwortete der Löwe. „Das Krähen ist uns zuwider. Jedes Tier, mag es noch so groß und stark sein, hat eine gewisse kleine Schwäche. Man sagt, dass selbst der gewaltige Elefant davonrennt, wenn er ein Schwein grunzen hört."

„Ist das so?", fragte der Hase. „Nun begreif ich auch, warum wir Hasen uns so entsetzlich vor den Hunden fürchten."

Gotthold Ephraim Lessing

Hasenohren

Ein Löwe, den ein Stier versehentlich mit den Hörnern gestoßen hatte, geriet darüber so in Zorn, dass er jedes Hornvieh aus seiner Nähe verbannte.

Da begannen alle auszuwandern, die Hörner oder auch nur ein Geweih auf der Stirn trugen. Die Hirsche flüchteten. Stier und Ochs, sogar die sanfte Kuh, Widder und Ziegenbock suchten das Weite. Alle hatten Angst, der Löwe könnte sie zerreißen, wenn sie seinem Befehl nicht gehorchten.

Ein Hase, der auf einer Wiese nach Futter suchte, sah die Tiere fliehen. „Bin ich froh", sagte er zu sich, „dass ich nur ein kleines, schwaches Geschöpf bin und keine Hörner habe."

Er nibbelte an Gras und Kräutern und erblickte auf einmal – die Sonne stand schon tief – seinen eigenen Schatten. Wie lang die Ohren waren! Sahen sie nicht aus wie Hörner? Der Hase fing zu zittern an.

„Was hast du?“, fragte seine Freundin, die Grille.

„Ich muss auswandern, und zwar sogleich!“, rief der Hase.

„Warum?“, fragte die Grille. „Gefällt es dir nicht mehr auf unserer Wiese? Wer weiß, ob woanders das Gras so saftig und die Kräuter so würzig sind wie hier.“

„Ach ja“, seufzte der Hase. „Wie gern würde ich bleiben! Hast du aber nicht gehört, dass der Löwe alles Hornvieh verbannt hat?“

„Hab ich!“, antwortete die Grille. „Was hat das mit dir zu tun? Du bist ein Hase und kein Stier.“

„Aber meine Ohren!“, rief der Hase.

„Deine Ohren?“, fragte die Grille verwundert. „Was ist damit?“

„Sie sind zu lang“, sagte der Hase, „der Löwe könnte sie für Hörner halten. Leb wohl, gute Freundin. Ich werde dich und die Wiese vermissen. Aber es muss sein!“

Und der Hase hoppelte traurig fort.

So mancher arme Tropf läuft davon und gibt auf, nur weil er sich einbildet, in Gefahr zu sein.

Jean de La Fontaine

Reineke Fuchs

Einmal im Winter schneite es viele Tage lang. Der Schnee lag hoch und die Tiere des Waldes litten Hunger. Auch Isegrim, der Wolf, und seine Frau hatten schon lange nichts zu fressen gehabt. So gingen sie eines Morgens getrennt auf die Jagd. Isegrim streifte durch den Wald, seine Frau wollte über den Fluss schwimmen und am anderen Ufer nach Futter suchen.

Als sie zum Fluss kam, begegnete sie Reineke, dem schlauen Fuchs.

„Wohin gehst du?“, fragte er.

„Ans andere Ufer! Vielleicht gibt es dort drüben was zu fressen.“

„Warum so weit herumwandern?“, sagte Reineke.

„Im Fluss schwimmen mehr als genug Fische, du musst sie nur fangen."

„Aber ich habe keine Angel!", rief Isegrims Frau.

„Brauchst du auch nicht", antwortete Reineke. „Wozu hast du einen langen Schwanz? Setz dich ans Ufer und lass ihn ins Wasser hängen. Du wirst sehen, wie schnell die Fische anbeißen. Sei aber nicht ungeduldig. Warte ab, bis viele angebissen haben. Dann zieh den Schwanz mit einem Ruck heraus und wirf die Fische ans Ufer."

„Was für ein guter Rat!", dachte Isegrims Frau. Sie bedankte sich, setzte sich ans Ufer und ließ den Schwanz ins Wasser hängen.

So saß sie da und wartete geduldig. Es war aber bitterkalt, der Fluss fror langsam zu. Isegrims Frau spürte ein leichtes Ziehen am Schwanz.

„Ein paar haben schon angebissen", dachte sie.

Nach einer Weile wollte sie den Schwanz bewegen,

konnte es aber nicht. „Jetzt hängen schon viele dran“, sagte sie zu sich. „Wie wird mein Mann sich freuen! So eine reichliche Mahlzeit hatten wir schon lange nicht.“

Die Eisdecke wurde dicker und dicker. Als Isegrims Frau endlich den Schwanz herausziehen wollte, stak er festgefroren im Eis. „Allein schaffe ich es nicht“, dachte sie. „Ich muss auf meinen Mann warten, der wird mir helfen.“

Als der Abend dämmerte, kam Isegrim zum Fluss. „Was gibt’s, liebe Frau?“, fragte er. „Warum sitzt du am Ufer?“

„Ich fange Fische mit meinem Schwanz“, antwortete sie. „So viele haben angebissen, dass er zu schwer für mich geworden ist. Hilf mir beim Herausziehen!“

Isegrim fasste seine Frau an den Pfoten und zog und zerrte – und da war sie frei. Ihr schöner Schwanz aber war im Eis stecken geblieben und noch dazu hatten Isegrim und sie nichts zu fressen und waren so hungrig wie zuvor.

Wenn einer dir einen Rat gibt, dann überlege zuerst, ob er auch gut gemeint ist.

Volksmärchen, Deutschland

Die Stachelschweine

An einem kalten Wintertag – ein eisiger Wind wehte – drängte sich eine Schar Stachelschweine frierend in ihrem Schlupfwinkel aneinander.

Je mehr sie die gegenseitige Wärme suchten, desto enger rückten sie zusammen – und stachen sich gegenseitig mit ihren spitzen Stacheln.

Also rückten sie auseinander, bis ihnen so kalt wurde, dass sie sich wieder aneinander drängten. Bei ihrem Stachelkleid konnte das nicht gut ausgehen, alles fing von vorne an, sie rückten auseinander.

So ging es eine ganze Weile, sie rückten zusammen – sie rückten auseinander – sie rückten zusammen und wieder auseinander. Endlich hatten sie den richtigen Abstand gefunden: nicht allzu nahe beisammen, sodass ihre Stacheln sie nicht störten, und nicht allzu sehr auseinander, sodass sie in der bitteren Kälte nicht erfroren.

Diesen Abstand nannten sie Höflichkeit und gutes Benehmen.

Arthur Schopenhauer

Der Wolf und der Wachhund

In einer mondhellen Nacht wollte es der Zufall, dass ein Wolf und ein Wachhund einander begegneten. Der Wolf war struppig und so mager, dass man Mitleid mit ihm haben musste. Der Wachhund war wohl genährt und hatte ein glänzend glattes Fell.

„Wie kommt es, dass du immer genug zu fressen hast?", fragte der Wolf und schaute den Hund aus hungrigen Augen an. „Ich wünschte, ich hätte es so gut wie du."

„Nichts leichter als das", antwortete der Hund. „Du brauchst mir nur bei meiner Arbeit zu helfen."

„Wer so hungrig ist wie ich", antwortete der Wolf, „der fragt nicht lange und ist zu allem bereit. Was ist deine Arbeit?"

„Nachts, wenn mein Herr schläft, bewache ich sein Haus. Kommen Diebe, verjage ich sie mit meinem Gebell."

„Ist das alles?", sagte der Wolf. „Das kann ich auch. Ich gehe mit dir."

So trabten sie miteinander fort. Als sie einer neben dem anderen dahinliefen, erblickte der Wolf im milden Licht des Mondes kahle Flecken am Nacken seines neuen Freundes.

Der Wolf blieb stehen. „Wieso hast du kahle Flecken im Fell?", fragte er.

„Hab ich das? Hat nichts zu bedeuten“, erwiderte der Hund.

„Ich möchte es aber wissen“, sagte der Wolf. „Nun ja“, bellte der Hund, „mein Fell ist am Nacken etwas schütter. Das kommt von der Kette, die ich tragen muss.“

„Du musst eine Kette tragen?“, rief der Wolf. „Bist du denn nicht frei?“

„Um die Wahrheit zu sagen, nicht immer“, gestand der Hund. „Während des Tages bindet mein Herr mich an. Nachts aber bin ich frei und kann tun, was ich will. Was macht es schon aus, wenn ich tagsüber an der Kette hänge? In meiner Futterschüssel sind immer die besten Bissen, stets bin ich satt und bin nie hungrig. Willst du es nicht so gut haben wie ich?“

„Danke, nein!“, sagte der Wolf. „Es stimmt, dass ich oft hungrig bin, aber ich will lieber Hunger leiden, als an einer Kette hängen. Freiheit ist mehr wert als eine volle Futterschüssel.“

Der Wolf kehrte um und lief in den Wald zurück, wo er umherstreifen konnte, wie er wollte, und wo es keinen Herrn gab, der ihn an die Kette legte.

Aesop

Zeus und das Schaf

Von allen Geschöpfen auf dieser Erde hatte das Schaf am meisten zu leiden. Es war zu schwach, um sich zu wehren und wurde noch dazu von den anderen Tieren wegen seiner Sanftheit verspottet.

„So kann und will ich nicht mehr leben", sagte das Schaf zu sich, ging zu Zeus, dem Göttervater, und bat ihn, sein Elend zu lindern.

Zeus hörte das Schaf an und sagte: „Ich sehe ein, mein gutes Geschöpf, ich habe dich allzu wehrlos erschaffen. Was soll ich tun um dir zu helfen? Willst du scharfe Zähne haben und scharfe Krallen?"

„O nein", rief das Schaf erschrocken, „da wäre ich ein wildes, reißendes Tier. Das mag ich nicht sein."

„Dann ist vielleicht ein Giftzahn das Rechte?", fragte Zeus.

„Nein, nein", sagte das Schaf. „Nichts ist auf der Welt mehr verhasst als die giftigen Schlangen."

„Nun denn", sagte Zeus, „willst du einen kräftigen Nacken haben und spitze Hörner auf der Stirn?"

„O je", jammerte das Schaf, „mit so was könnte ich wie ein Bock stoßen und jemandem wehtun."

„Es ist nun aber einmal so", sagte Zeus, „wenn du

nicht willst, dass andere dir schaden, musst du im Stande sein, andere zu verletzen."

„Muss ich das?", seufzte das Schaf. „Da will ich, Vater Zeus, lieber so bleiben, wie ich bin. Denn die Fähigkeit, anderen zu schaden, erweckt – so fürchte ich – die Lust, schaden zu wollen. Und es ist immer noch besser, Unrecht zu leiden, als Unrecht zu tun."

Zeus segnete das sanftmütige Schaf und von Stund an vergaß es zu klagen.

Gotthold Ephraim Lessing

Der Kojote und die Raben

Drei junge Raben, die eben erst flügge geworden waren, gerieten in ein Dorngestrüpp, suchten vergeblich, sich zu befreien und krächzten kläglich.

Ein Kojote, der in der Wüste umherstrich, hörte das Wehklagen und rannte herbei.

„Ist da niemand, der uns hilft?“, jammerten die jungen Raben. „Wir werden uns noch an den Dornen zu Tode stechen.“ Und wieder krächzten sie kläglich.

Mit denen werde ich mir einen kleinen Spaß erlauben, dachte der Kojote. „Wie schön ihr singt!“, rief er. „Habt ihr euch ein neues Lied ausgedacht? Singt es noch einmal! Ich will es auch lernen.“

„Wir singen nicht“, klagten die jungen Raben. „Siehst du nicht, dass wir in den Dornen feststecken? Oh, wie das sticht!“

„Euer Gesang erfreut mein Herz“, rief der Kojote. „Singt weiter, liebe Räbchen! Singt euer Lied!“ Dann lachte er auf Kojotenart und lief davon.

Eine Schar Raben, die gekommen war, um ihren Jungen zu helfen, hatte alles mitangehört.

Einige Zeit danach, als der Kojote der Spur eines Kaninchens folgte, verirrte er sich in einem Kakteenfeld. Wohin er sich auch wandte, er fand keinen Ausweg. Bald hatte er Schnauze, Fell und Pfoten voller Kakteenstacheln und begann jämmerlich zu heulen.

Auf diese Gelegenheit hatten die Raben, die ihm eine Lehre erteilen wollten, nur gewartet. Sie kamen herangeflogen und krächzten: „Wie schön du singst, lieber Kojote! Hast du dir ein neues Lied ausgedacht? Sing es noch einmal! Wir wollen es auch lernen.“

„Ich singe nicht!“, jammerte der Kojote.

„Dein Gesang erfreut unser Herz“, krächzten die Raben. „Sing weiter, lieber Kojote! Sing dein Lied!“

„Wie könnt ihr behaupten, dass ich singe“, heulte der Kojote. „Habt ihr denn gar kein Mitgefühl?“

Als Antwort lachten die Raben laut krächzend und flogen davon.

Endlich konnte der Kojote sich aus dem Kakteendickicht befreien.

Aber wie sah er aus? Ganz zerkratzt war er und bespickt mit Kakteenstacheln.

Der Kojote setzte sich hin und zog mühsam einen Stachel nach dem anderen aus Fell und Pfoten. „Diese Raben sind einfach zu herzlos!“, klagte er. „Sich über jemanden lustig zu machen, dem es schlecht ergeht, das gehört sich nicht.“

Indianer, Nordamerika

Die Elster und der Rabe

Eine Elster flog in den Zweigen eines Baumes umher und schwatzte die ganze Zeit, erzählte dies und erzählte das. Ein Rabe, der auf einem Ast saß, schaute nachdenklich vor sich hin und sagte kein Wort.

„He du!“, rief die Elster. „Hörst du mir überhaupt zu? Willst du nicht wissen, was ich zu berichten habe?“

„Nicht unbedingt“, antwortete der Rabe. „Wer so viel schwatzt wie du, schwatzt doch nur unnützes Zeug.“

Iwan Krylow

Nur Einigkeit macht stark

Einst wollten ein Schwan, ein Krebs und ein Hecht einen Karren ziehen. Alle drei spannten sich davor und begannen mit aller Kraft zu ziehen. So sehr sie sich plagten, so sehr sie sich mühten, der Karren kam nicht vom Fleck.

Die Last war nicht schwer, zu dritt hätten sie es leicht schaffen können. Jeder wollte aber etwas anderes. Der Schwan versuchte aufzufliegen und sich in die Luft zu erheben. Der Krebs kroch rückwärts, wie es seine Art war. Und der Hecht zappelte und schnellte umher, weil er in einen nahen Teich springen wollte.

Der Karren blieb dort stehen, wo er war.

Ohne Eintracht plagt man sich nur und bringt nichts zuwege.

Iwan Krylow

Die Maus im Kornspeicher

Es war einmal eine Maus, die lebte unter einem Kornspeicher. Über ihrem Nest war ein kleines Loch im Holzboden und langsam, ganz langsam, fiel ein Korn nach dem anderen herab.

Die Maus hatte immer genug zu fressen, war wohl genährt und musste sich nicht auf der Futtersuche anstrengen.

Mit der Zeit aber fand sie, das Loch über ihrem Nest sei zu klein. „Ein wenig größer sollte es sein“, dachte sie und fing am Holz zu nagen an. Sie nagte so lange, bis nicht nur dann und wann ein Körnchen herabfiel, sondern viele auf einmal.

„Besser könnte es nicht sein“, rief die Maus. „Jetzt sollen alle wissen, wie gut es mir geht.“

Sie huschte ins Freie, lief dahin und dorthin und lud alle Mäuse der Umgebung zu einem Festmahl ein.

Als die Maus und ihre Gäste zum Speicher kamen, lag kein einziges Korn im Nest. Der Bauer hatte das große Loch im Boden entdeckt und mit einem Brett zugenagelt, und eine Ratte, die zufällig vorbeigekommen war, hatte alle herabgefallenen Körner aufgefressen.

Leo Tolstoj

Der Nachtfalter und das Kerzenlicht

Ein gedankenloser und flatterhafter Nachtfalter erblickte eines Nachts den Schein einer brennenden Kerze. Angelockt von dem milden Licht, das ihm schöner erschien als die Dunkelheit, flog er sogleich hin – und fiel mit versengten Flügeln zu Boden.

„Warum habe ich mich von dem trügerischen Licht verführen lassen“, seufzte er – und starb.

Leonardo da Vinci

Die Nachtigall und der Uhu

Bei einem alten Gemäuer, in dem ein Uhu seinen Unterschlupf hatte, sang eine Nachtigall, sobald es dunkel geworden war, Nacht für Nacht ihre Lieder.

Kein Haus war in der Nähe, kein Weg führte vorbei, kein Mensch kam und lauschte dem süßen Gesang.

Eines Nachts sagte der Uhu zur Nachtigall: „Warum singst du hier in der Einsamkeit dein Lied? Niemand hört dich, niemand bewundert dich, niemand lobt dich. Ich verstehe das nicht."

„Ich singe", sagte die Nachtigall, „weil mich mein Lied erfreut. Warum soll ich nur dort singen, wo jemand ist, der mich bewundert? Ist mein Lied weniger wert, nur weil mich niemand dafür lobt?"

Sie hatte recht. Jede Fähigkeit trägt ihren Lohn in sich selbst.

Aurelio de' Giorgi Bertola

Eulengesang

Einmal lebten eine Taube und eine Eule nahe beisammen in einem Wald. Jede Nacht schlief die Taube im dichten Geäst, während die Eule auf Futtersuche flog und ihr Schu-schu rief, wie alle Eulen dieser Welt.

An einem Sommertag – die Sonne stand hoch am Himmel – sah die Taube, wie die Eule eilig dahinflog. „Wohin fliegst du am helllichten Tag?“, rief die Taube.

Die Eule hielt im Flug inne und ließ sich nieder. „Ich wandere aus“, sagte sie.

„Warum?“, wollte die Taube wissen.

„Weil den Menschen, die hier wohnen, mein Gesang nicht gefällt. Darum fliege ich fort.“

„Das würde ich nicht tun“, sagte die Taube. „Bist du sicher, dass anderswo den Menschen deine Rufe gefallen? An deiner Stelle würde ich nicht fortfliegen, sondern meinen Gesang ändern.“ Sie begann zu gurren und gurrte ihr Taubenlied. „Klingt das nicht gut?“, fragte sie. „Sing doch wie ich!“

„Danke, nein“, sagte die Eule, „dein Lied taugt nicht für mich, denn ich bin eine Eule und keine Taube. Und es ist töricht, etwas zu tun, was nicht zu einem passt.“

Die Eule vergaß, dass sie auswandern hatte wollen, und kehrte zu ihrem Ruheplatz zurück. Nacht für Nacht flog sie wieder über das Land und rief Schu-schu wie alle Eulen dieser Welt.

China

Der Mond im Brunnen

Vor langer Zeit lebte eine Schar Affen in einem großen Wald. Mitten im Wald, auf einer Lichtung, war ein Brunnen. Daneben stand ein alter Baum, dessen Äste sich über den Brunnenrand neigten.

Eines Nachts, als die Affen sich auf der Lichtung umhertrieben, schaute ihr Anführer zufällig in den Brunnen und sah tief unten auf dem Wasser das Spiegelbild des Mondes schwimmen.

„Bei allen Affen dieser Welt“, rief er erschrocken aus, „der Mond ist in den Brunnen gefallen und kann nicht mehr heraus!“

Die anderen Affen eilten herbei, schauten ebenfalls in den Brunnen und fingen laut zu jammern an. „Wie schrecklich! Eine Welt ohne Mond – nicht vorzustellen ist das. Was sollen wir tun?“

„Wir müssen den Mond herausholen“, erklärte ihr Anführer.

„Aber wie?“, kreischten die Affen im Chor.

Der Anführer kratzte sich das Fell, schaute umher und hatte einen Einfall. Er kletterte auf den Baum und umklammerte einen Ast mit den Pfoten. „Jetzt bildet eine Kette!“, befahl er. „Jeder fasst den Schwanz des anderen.

Der Erste von euch hält sich an mir fest. Dann springt in den Brunnen!“

„Ja, so wird es gehen!“, riefen die Affen.

Als sie sich in einer langen Kette in den Brunnen hinabließen, konnte der Ast die schwere Last nicht mehr tragen und brach ab. Die Affen und ihr Anführer fielen in den Brunnen, das Spiegelbild des Mondes zersplitterte in hundert Stücke.

Wie sahen die Affen aus, als sie endlich nach großer Mühe den Brunnenrand erklommen hatten! Klatschnass und zerzaust waren sie und hatten wunde Pfoten. Oben am Himmel aber stand der Mond, still leuchtend wie immer.

Ein törichter Anführer hat schon vielen Unglück gebracht.

Tibet

Quellenverzeichnis

Der Fuchs und die kleine Eidechse, aus: Käthe Recheis, Warum das Erdhörnchen Streifen hat, Verlag Kerle/ Herder, Freiburg

Der Tiger im Käfig, erzählt nach: Indian Fairy Tales, Collected by Joseph Jacobs, Dover Publications Inc., New York 1969, Unabridged and unaltered republication of the work originally published by David Nutt, London 1892

Der Mond im Brunnen, erzählt nach: Tibetan Folk Tales, Fredrick and Hyde-Chambers, Shambala Publications, Inc. Boulder & London, 1981

Sagenhaftes aus allen Bundesländern

Hardcover mit hochwertigem
Papierrücken, 88 Seiten, 17 x 24 cm
ISBN 978-3-7074-2435-5

Hardcover mit hochwertigem
Papierrücken, 88 Seiten, 17 x 24 cm
ISBN 978-3-7074-2268-9

Hardcover mit hochwertigem
Papierrücken, 88 Seiten, 17 x 24 cm
ISBN 978-3-7074-2315-0

Hardcover mit hochwertigem
Papierrücken, 88 Seiten, 17 x 24 cm
ISBN 978-3-7074-2380-8

Sagenhaftes aus allen Bundesländern

Hardcover mit hochwertigem Papierrücken, 88 Seiten, 17 x 24 cm
ISBN 978-3-7074-2270-2

Hardcover mit hochwertigem Papierrücken, 88 Seiten, 17 x 24 cm
ISBN 978-3-7074-2269-6

Hardcover mit hochwertigem Papierrücken, 88 Seiten, 17 x 24 cm
ISBN 978-3-7074-2561-1

Hardcover mit hochwertigem Papierrücken, 88 Seiten, 17 x 24 cm
ISBN 978-3-7074-2352-5